Diretor-presidente: Jorge Yunes
Gerente editorial: Luiza Del Monaco
Edição: Ricardo Lelis
Assistente editorial: Júlia Braga Tourinho
Suporte editorial: Juliana Bojczuk
Preparação de texto: Bia Nunes de Sousa
Revisão: Augusto Iriarte
Coordenadora de arte: Juliana Ida
Assistentes de arte: Daniel Mascellani e Vitor Castrillo
Projeto de capa: Valquíria Palma
Ilustração de capa: Shutterstock – Rtguest e AcantStudio
Projeto gráfico de miolo: Deborah Mattos e Valquíria Palma
Analista de marketing: Michelle Henriques
Assistente de marketing: Heila Lima

© Fabio Maca, 2021
© Companhia Editora Nacional, 2021

Todos os direitos reservados. Nenhuma parte desta obra pode ser reproduzida ou transmitida por qualquer forma ou meio eletrônico, inclusive fotocópia, gravação ou sistema de armazenagem e recuperação de informação sem o prévio e expresso consentimento da editora.

1ª edição – São Paulo

DADOS INTERNACIONAIS DE CATALOGAÇÃO NA PUBLICAÇÃO (CIP) DE ACORDO COM ISBD

M113t   Maca, Fabio

Tarja branca / Fabio Maca. - São Paulo : Editora Nacional, 2021.
256 p. ; 14cm x 21cm.

ISBN: 978-65-5881-017-9

1. Autoajuda. I. Título.

2021-1135

CDD 158.1
CDU 159.947

Elaborado por Vagner Rodolfo da Silva - CRB-8/9410

Índice para catálogo sistemático:
1. Autoajuda 158.1
2. Autoajuda 159.947

NACIONAL

Rua Gomes de Carvalho, 1.306 – 11º andar – Vila Olímpia
São Paulo – SP – 04547-005 – Brasil – Tel.: (11) 2799-7799
editoranacional.com.br – atendimento@grupoibep.com.br

Dedico este compêndio à minha própria Alma, que, com muita disposição e perseverança, me trouxe até aqui.

Sumário

O Ministério do Nevoeiro adverte 09

Modo de usar 13

Males da Alma 15

Fármacos 197

No consultório com a Alma 241

Glossário 245

Índice remissivo 251

O MINISTÉRIO DO NEVOEIRO

ADVERTE:

Tarja branca é perfeito para males
que vão além da carne e do osso.

Na qualidade de Secretária-geral do Ministério
do Nevoeiro, venho por meio deste comunicado divulgar o meu afastamento provisório,
em razão do acidente aéreo que sofri recentemente. Como sabem, o avião-fantasma no
qual me deslocava apresentou falhas durante
o voo e havia apenas um paraquedas – que
não coube a mim.

Poucos acreditaram que eu sobreviveria. Inclusive eu. Mas dizem que a vida costuma ser assim: despencamos sem esperar, afundamos sem pré-aviso nas profundezas submarinas, e, por vezes, as ondas levam até a costa alguns corpos moribundos. Estive moribunda – olhos perdidos, pele azulada, lábios fracos –, mas, sem que houvesse grandes explicações para isto, fui recobrando a cor, os passos, o ar e alguma vontade de viver.

Todavia, o médico responsável pelo meu surpreendente caso recomendou o afastamento, associado ao uso de alguns medicamentos de tarja branca recentemente lançados, nomeadamente tranquiolíticos, antibióculos e arpirina. Segundo ele, meu corpo vai bem, mas minha Alma está frágil como a de um viúvo amoroso de 84 anos. Chega a ser curiosa a situação: tantos anos trabalhando no Ministério do Nevoeiro resgatando Almas, orientando vidas perdidas e, desta vez, cabe a mim pedir ajuda.

Felizmente já vivemos em um tempo no qual há remédios para males como o meu. Se meu acidente tivesse acontecido em 2019, a situação seria muito mais crítica. *Tarja branca* é um recurso recente. Uma aposta da medicina na completa recuperação humana, indo muito além de pernas, braços e olhos. Somos mais do que carne e osso. Somos, na verdade, essencialmente Alma. E admito que me recuperei do acidente. Mas não me recuperei da perda do paraquedas. Por isso me afasto, sem data certa de regresso. Antes disso, porém, a você, caro leitor, recomendo a leitura apurada de *Tarja branca*.

Atenciosamente,

RUTH MANUS
Secretária-geral do Ministério do Nevoeiro

Advogada, professora e escritora, autora de
Um dia ainda vamos rir de tudo isso (Sextante),
entre outros títulos

Modo de usar

INSTRUÇÕES ÀS ALMAS SOFREDORAS:

Este livro não dispensa a alopatia e os tratamentos convencionais. Somos feitos de carne, osso e mistério; este último, estado que não tem cura e que pode se agravar ao longo da vida se não for devidamente acompanhado. Olhar o mistério de perto e abraçar nossas humanidades pode nos proporcionar uma vida longeva e satisfatória. Em *Tarja branca*, encontraremos alguns dos males que advêm dos labirintos mal resolvidos da Alma e as posologias para investigarmos as nascentes do ser humano.

Caso você apresente sintomas de uma ou mais enfermidades descritas a seguir, mantenha a calma e o otimismo – muitos dos males são de fácil digestão se acompanhados de um drinque.

A leitura destas páginas de 2 a 3 vezes por dia deverá minimizar os sintomas.

· MALES DA ALMA ·

01

Adicção poética

A poesia sobe como álcool.
Consuma com moderação.

A poesia, como o álcool, bate de repente. O mundo gira debaixo dos nossos pés, a Alma recita *on the rocks*.

Acontece que, ao longo da vida e mais de uma vez, vai acontecer de os alambiques que destilam esse estado poético secarem. Se o adicto estiver dependente da poesia, precisando de algumas doses todos os dias, ainda que não admita seu estado, será um duro *detox* para a Alma.

Tempos bicudos em que lotes especiais e numerados de poesia circulam às escondidas. Um gole de vez em quando vai custar caro – talvez um casamento, talvez um emprego.

Eventualmente, um pouco de poesia ainda pinga de alambiques clandestinos. Vivem os enfermos a conta-gotas.

02

Afastamento crônico

Duzentas milhas sofá adentro e a Alma já está em águas internacionais.

No outro braço do sofá, separado por um Atlântico, estão as costas de um outro continente; nele habitam aqueles que deveriam ser nossos companheiros.

Da última vez que uma das Almas tentou cruzar o sofá em busca de acalento, a distância brutal, o frio e a falta de acenos venceram. No meio da travessia, exausto e faminto, o enfermo esperou do outro um facho de farol que nunca veio.

Sem sinal de terra firme, a Alma começa a fazer água. Racionam-se olhares. Na forma líquida da enfermidade, uma gota de distância que a Alma tolera logo se junta à outra. Tempestades torrenciais modificam as paisagens do relacionamento, cai o nevoeiro, um pingo que você não sabe se é chuva ou lágrima.

Nem todo caso é reversível. Em quadros longevos, há uma tendência daquilo que era um único sofá intransponível transformar-se em duas poltronas pequenas; do que era uma cama de casal transformar-se em duas de solteiro. O que era uma vida única seguir o rumo de duas meias.

03

Alma sem fundo

A gente dá uma brecha, a vida devolve um rombo.

A carência age como um fungo, abrindo buracos de onde supuram baixa autoestima, vitimismo, lamento crônico, apegos de todos os tipos, âncoras, anzóis enferrujados, injeções antitetânicas e sapatos sem cadarço.

Como um mal profundamente arraigado dentro de nós, das nossas lembranças de infância e das nossas crenças, a carência é um parasita que se confunde conosco, mimetizando-se em quem somos e dificultando muito o tratamento.

Há tipos de carência em que o buraco é ainda mais embaixo, para os quais não há cura. De resto, as Almas recorrem aos recursos de sempre – acham que podem tapar as carências com roupas novas, joias ou, pior, bijuterias; frequentam restaurantes cada vez mais caros, academia, caraoquê; trocam de carro cada vez mais rápido.

Mas, o que quer que se jogue, o buraco engole. E quanto mais coisas o enfermo coloca, mais fundo fica o poço.

FABIO MACA 23

04

Amor à primeira vista

A principal forma de contágio do amor é pela boca. Em casos mais sérios, ele é transmitido pelos olhos.

O amor à primeira vista é um caso raro, por conta de sua força inesperada. Transmitido pelos olhos como a conjuntivite, este mal atinge principalmente a população que vive abaixo da linha da tristeza e torna-se ávida por um tchã-nã-nãns.

O amor à primeira vista não pede licença – abre uma brecha no sistema imunológico do suspiro, detona as defesas naturais da Alma e vai parar no corpo: é mais carnal, visceral, com altas doses de hormônio sendo disparadas. Uma vez alojado no coração, o amor à primeira vista pode ser tratado com drinques e terapia.

Se persistirem os sintomas, procure uma cartomante.

05

Amorexia

Se um amor cair de cama, cuide para que não pare num leito.

Existem vários tipos de amor, esta enfermidade viróti-ca. Alguns são brandos como um resfriado e passam com o tempo, outros deixam o indivíduo de cama. Diferentemente da paixão, que inocula de forma rápida e muitas vezes é irreversível, o amor é um quadro da evolução do mistério, quando a doença, apesar de menos febril, já se encontra fortemente instalada no enfermo.

Acadêmicos de todo o mundo tentam descobrir a cura do amor, mas há correntes mais modernas que afirmam que o amor é a cura. Seja como for, pode-se conviver muito bem com amores de todos os tipos, muitos deles evoluindo de casinho para casamento.

Um ponto em que estudiosos não divergem, entretanto, é o fato de que o amor pode avançar ou retroceder, sendo ambos os movimentos benéficos. O grande mal ocorre quando o amor fica estagnado e para nos bares de esquina para uma sinuquinha com os amigos, sintoma que normalmente aparece nas formas mais longevas da enfermidade, como o noivado e o namoro sério; se não revertido, leva a relação da cama para o leito.

06

Anemia de mixtapes

O amor que começa com uma cantada deve evoluir para outras bandas.

A mixtape é um medicamento importante em todos os tipos de casos de amor ou de rompimento. Com o tempo, todo relacionamento apresenta um decréscimo natural na sua produção. No entanto, quando isso acontece de forma abrupta, caindo a zero tape em questão de dias, trará consigo um grave quadro anêmico.

Sem que se dê conta, o sistema da saudade do paciente ativa o sistema lacrimogênio e, ainda pior, o sistema onírico tende a funcionar de forma reversa: no lugar de bonitos sonhos de futuro, passa a imaginar suspeitas e traições. Em surto, a Alma enferma tentará provar:

1. para si mesma que não está apaixonada;
2. que não faz questão desse relacionamento;
3. ambas as anteriores, juntas e de maneira alternada.

É recomendado ao paciente não deixar este mal crescer. Longe de ser um desamor, este quadro é um mau funcionamento no excesso de amor. Ao menor sinal de anemia de mixtapes, consulte um bom cantor.

07

Apneia do sonho

É como acordar do mesmo sonho mil vezes e nunca ver como termina.

Quando as vidas aéreas ficam obstruídas, a queda drástica na oxigenação fará com que a Alma acorde de forma abrupta. Muitas delas nem sequer sabem que foram despertadas, podendo acordar dezenas de vezes durante um sonho, o que fará dele um desejo partido em tantos cacos que será impossível voltar a colá-lo.

Outros sintomas da apneia são o ronco alto, quando os enfermos aquecem as asas para decolar, e os bolsos sempre secos – uma vez que cada centavo será usado para comprar ataduras que colem os desejos partidos.

Algumas Almas tentam resolver o problema sonhando acordadas, o que é ainda pior, já que estarão ao mesmo tempo despertas durante o sono e dormindo durante a vida.

08

Asectomia

Cortar fora uma asa é amputar a liberdade do voo.

As asas são os membros da Alma capazes de fazê-la alçar voo. Infelizmente, como o apêndice, podem atrofiar pela falta de uso e, em casos ainda mais severos, novamente a exemplo do apêndice, podem vir a inflamar.

Nesses casos, a dor é aguda tanto no corpo etéreo como nos sentimentos. Secam-se os vasos que irrigam os desejos, e a dor no coração aumenta quando, de repente, a Alma se dá conta de que perderá o status e as possibilidades de criatura alada.

Como um Pégaso amputado, tocará a vida um pouco cabisbaixa. Percorrerá as ruas do centro velho até seu bairro olhando para o chão, sonhando com seus tempos de céu.

09

A VC

Toda Alma transborda. O problema é quando se derrama sobre o outro.

A VC é uma síndrome que faz cada vez mais enfermos, atacando na calada da noite, escondida no fato de que, para si, a Alma não dá nada e A VC, tudo.

Sim, o A VC é um derrame da Alma sobre quem ama e pode deixar sequelas: o enfermo se desliga aos poucos de si por achar os outros melhores ou perfeitos.

A Alma se desintegra, perde massa; vai ficando rala, trespassa objetos e o mais grave: de tão aerada, torna-se invisível. É uma contradição desse mal: quanto mais quer ser notada, mais desintegrada e, portanto, invisível torna-se a Alma.

A recuperação é longa, e será preciso que a Alma reaprenda a caminhar com os próprios pés, ainda que isso exija muitas sessões de fisioterapia da Alma. Além disso, barragens e diques de contenção nos lugares certos vão impedir que o enfermo transborde no outro com tanta facilidade.

FABIO MACA

10

Casca de ferida

Nenhum órgão trabalha tanto a favor e contra a Alma como a nossa casca.

T oda ferida que se abre na derme produzirá uma casca para proteger o machucado. Com a Alma, não é diferente; para cada coisa, uma casca: rejeição, olhares desviados, déficit de aplausos. O problema se dá quando a proteção natural vira concha; na literatura médica do Nevoeiro, não é raro encontrarmos Almas machucadas que, no processo de regeneração, ficaram presas dentro de suas cascas.

Confinadas, encolhidas, com ar rarefeito, vivem cansadas; passam a noite em claro com medo do escuro, não se viram dentro da casca porque lhes falta espaço. Ali é áspero, então se ralam, acordam moídas, fazem hora extra para comprar mais analgésicos, ainda que estes não tratem o que dói de verdade.

Como regra geral, a casca deve se desprender tão logo a Alma sare. Se isso não acontece, é o enfermo quem deve fazer um esforço extra para abandonar sua casca.

11

Colite

A solidão é tão grave que inventa amigos imaginários. É por isso que a solidão assola três em cada duas crianças.

A colite atinge todos aqueles que se sentem descolados, que não dão *match*, que não têm encaixe.

Querer colo é uma enfermidade pandêmica cujo primeiro surto ocorreu na virada do século XX, a partir da Revolução Industrial. Com a industrialização febril, pais e mães deixaram seus filhos com um profundo déficit de colo em um momento crítico do desenvolvimento dos pequenos, quando da formação do próprio acolhimento. Com a malformação do colo, que gera a colite, estas Almas não encontram guarida em si mesmas e passam o resto da vida achando que o amor não vem de dentro.

Atualmente, surtos constantes avançam em todo o mundo, conforme as nossas tristezas migram em busca de inverno. O Ministério do Nevoeiro faz campanhas periódicas para adoção dos sem-colos, mas, como é de se esperar, nunca aparecem adotantes em quantidade suficiente – as filas por um pouco de colo dobram o quarteirão.

12

Contusão em salto quântico

Ou *epic fails* da Alma.

O salto quântico ocorre quando a Alma muda de planeta, ainda que o corpo humano permaneça neste. Ao redor, tudo parece o mesmo, mas o enfermo está uma oitava acima.

O estado de ascensão é uma bênção, mas há inúmeros casos em que a Alma não sustenta essa frequência – a mente quer entender, diz que tem medo de altura; a mente, acostumada a sofrer, passa uma rasteira na Alma.

Por estar elevada, a queda desses estados é mais longa. É comum a Alma sofrer contusões e entorses, em especial no terceiro olho. No Chacra da Coroa, responsável por estados elevados, o impacto é certo.

Contusões causadas por salto quântico costumam doer por anos depois da queda, ainda mais quando o tempo vira do futuro para o presente – os enfermos enxergam aquilo que perderam e tomam a consciência de que, ainda que por um instante, fizeram par com o universo.

13

Cordão umbilical sempiterno

É possível que o bebê permaneça enrolado no cordão umbilical mesmo depois de nascer, crescer, casar e ter filhos?

Você já cruzou Almas embaraçadas em um fio tênue. São Almas que não abandonam o cordão umbilical, mesmo depois do nascimento.

Caso registrado em todos os tipos de família, mas em especial com mães judias e italianas, o cordão umbilical sempiterno é um laço que não se desfaz, e ficam mãe e filhos homens atados.

Em primeiro lugar, essa disfunção substituirá o norte magnético da Alma do filho pelo da mãe, deixando ambos perdidos. Outra grave consequência é que o cordão ganha mais comprimento a cada ano, o que dá uma falsa sensação de liberdade e cria um espaço no qual pode se encaixar de modo provisório um namoro, um noivado e até um casamento – mas estes jamais serão satisfatórios.

O filho, incapaz de encontrar um fio da meada solto neste novelo materno, não poderá tricotar a própria história como marido.

14

Deficiências visuais

Um mal que assola Almas que não se enxergam.

Q uando a cegueira acomete o corpo físico, a capacidade de enxergar fica prejudicada, mas, quando é a visão da Alma que padece, acontece o oposto: o enfermo passa a enxergar o que não existe.

Almas já enxergaram amor verdadeiro no que era um fiapo de sintonia; Almas contaram com a lealdade de alpinistas sociais, enxergaram casamento em quem era uma noite e nada mais.

O enfermo enxerga no outro aquilo que quer ver e não há colírio que refresque. Um quadro ainda mais severo ocorre quando duas Almas contraem juntas a doença. Nestes casos, entreolham-se famintas, mas não veem nada além de si mesmas.

Como a Alma não tem orelhas para segurar as hastes, não pode usar óculos corretivos. O melhor a se fazer, portanto, não é procurar por novos remédios, e sim por outros olhos.

15

Déficit na produção arquetípica

O que há em comum entre uma Alma que não fica imune e outra que sai impune?

O guerreiro é um hormônio arquetípico dos mais importantes. É ele que se levanta dentro da Alma durante as tentativas de invasão que sofre o enfermo. O guerreiro faz com que a Alma seja capaz de dizer "não" para o mundo em favor de um "sim" para si.

Uma queda na produção do guerreiro vai deixar a verdade da Alma sem defesa, e neste ponto será fácil tirar uma lasca do enfermo. No lugar de reagir, falta coragem para ir à luta. Com suas convicções expostas, os glóbulos brancos amarelam.

O déficit é grave e pode deixar a Alma à deriva por séculos. De imediato, uma transfusão de sangue nos olhos vai ajudar. A longo prazo, trocar o hasteamento da bandeira branca pela defesa da própria bandeira será ainda mais eficaz.

16

Déficit poético de cartas de amor

Às vezes, o fim da história está logo nas primeiras linhas – ou na ausência delas.

Uma carta de amor é um quarto de hotel, um lugar temporário onde amores de todos os tipos, durações e profundidades encontram abrigo.

Assim, o déficit poético de cartas de amor age no sistema de encontros e desencontros, despejando amores de seus quartos; às vezes interditando andares inteiros. Conforme o amor fica sem ter onde dormir e se revigorar, pode procurar abrigo em lugares improváveis, como em pizzas com borda recheada e caixas de lenços de papel.

Felizmente, este mal é fácil de ser contornado se detectado precocemente. Recomenda-se aos enfermos que escrevam algumas linhas: um simples bilhete que alcança o remetente pode voltar bem acompanhado.

17

Deprezite terminal

Amai o próximo, não o ex.

Aquela deprezona é o estágio terminal de vários males relacionados ao amor. Os principais sintomas são falta de apetite e apatia. Além disso, o lóbulo do cérebro responsável pelo discernimento entra em pane, e podem ocorrer episódios de envio de mensagens de texto para o ex durante a madrugada ou quando da ingestão em excesso de álcool.

A duração, a intensidade e os tratamentos deste estado variam muito de pessoa para pessoa, mas alguns genéricos têm tido bom resultado, como Maiara & Maraisa, Häagen-Dazs sabor *strawberry cheesecake* e maratona de séries.

Apesar dos diferentes paliativos, a experiência indica que o melhor tratamento para um término de relacionamento é o paciente reatar consigo antes de mais nada, liberar o ex e só então partir para a próxima, o próximo ou ambos.

18

Desajuste do sistema lacrimogênio

Por que a meteorologia não é capaz de prever arco-íris?

Muitas Almas ocupam quitinetes de fundos, trabalham duro de dia e só têm a vista do viaduto quando voltam para casa. Das dez da noite às seis da manhã, as pistas do elevado ficam fechadas em ambos os sentidos; é um alívio, apesar do silêncio excessivo colocar os enfermos em rota de colisão consigo mesmos. As Almas se debruçam nas janelas e sonham com dias melhores.

Às vezes, em um instante qualquer, pode acontecer de cair um cisco no olho da Alma. É importante notar que, quando as Almas lacrimejam, as gotas são de luz, o que pode atrair vaga-lumes em busca de companhia. Em casos extremos e crises severas, a Alma não segura o tranco e desaba a chorar.

É em dias assim, quando os sintomas pegam pesado e as gotas de luz jorram, que se nota um aumento na ocorrência dos arco-íris. O melhor a se fazer nestes casos é partir em direção ao facho de luz, investigando se ao final dele realmente pode ser encontrado um pote de ouro.

19

Desenvolvimento de sofá maligno

Uma Alma descadeirada não poderá mais se sentar.

P ode uma Alma passar por terra sem empreender um só atrevimento?

O sofá maligno se desenvolve nos corpos astral e emocional. No início, um pequeno caroço aparece na região das cadeiras da Alma. Com o tempo, as cadeiras sofrem metástase e, sem intervenção cirúrgica, evoluirão para o estágio de poltrona e, posteriormente, sofá.

Ao contrário do que possa parecer, é a enfermidade que se acomoda em nós, e não nós nela. Em suas formas mais agressivas, rapidamente impedirá que a Alma se levante, mesmo durante os intervalos comerciais da vida.

Terá a Alma que se virar sozinha. Com muita força de vontade, sonhará um pouco às sextas-feiras e esticará as canelas no sábado, dia em que tem convicção de que pode mudar as coisas. Mas logo bate o final do domingo, e assim que anoitece as esperanças já ficam sonolentas; mais um domingo que o enfermo pega no sono assistindo à TV.

20

Deslocamento de data

É questão de tempo até que uma Alma sinta que não nasceu no seu tempo.

"Antigamente as coisas deviam ser melhores." Por mais que não seja fato verídico, é coisa da Alma afirmar que sente saudade de tempos que pode até ter vivido em outras existências.

Sem entrar em questões de gênero – que a ela não se aplicam –, a Alma enxerga o passado mais cor-de-rosa; se o quadro não for tratado, passará a vida com um pé em cada barco, oscilando entre "antigamente" e "hoje em dia", conforme as coisas apertam neste ou naquele período temporal.

O melhor tratamento é engessar essas fissuras por onde a Alma escapa. Imobilizada e presa no aqui e agora, aos poucos a Alma vai refazer o cálculo dos anos para deixar o tempo em que reside o "antigamente é que éramos felizes". Ali, de forma intravenosa, o preto no branco poderá ser aplicado para substituir o excesso de rosa.

21

Discussão de relacionamento

Quando todas as vias diplomáticas se esgotam, Almas costumam padecer de conversas fulminantes.

A DR é um tipo de enfermidade que acomete sempre duas pessoas ao mesmo tempo. Em geral, é caracterizada pela argumentação mútua para tentar trazer de volta à vida um relacionamento moribundo.

Acuada e armada até os dentes, a Alma dispara argumentos que levarão anos para cicatrizar. Por causarem desconforto severo, as DRs são adiadas por sucessivos armistícios até não poderem mais ser evitadas, e em geral eclodem tarde da noite.

Podem começar as DRs por motivos variados e triviais, mas por trás deles estão sempre a postos os dois exércitos. Para melhor compreensão, são catalogadas em:

• Narcísicas: ocorrem quando ambos os lados estão tão fechados em si mesmos que todo argumento é apenas mais um tijolo no muro que os separa. As DRs Narcísicas são o estágio final dos relacionamentos contaminados por Males da Visão, quando é muito difícil que um enxergue o outro como é. Temendo estarem errados mais do que temendo o fim, ambos se encastelam e atiram flechas até que um dos lados perde a força bélica e desata no choro. Fica estabelecido que este é o lado perdedor e, implicitamente, o lado que vai arcar com as custas do processo.

• Pseudoaltruístas: são aquelas em que um dos enfermos entende que deve se sacrificar pelo bem da relação, engolindo os argumentos do outro, o que causará grande estrago no sistema gástrico. É a postura adotada pelo cônjuge de mais baixa autoestima e trará consequências previsíveis, já que é fato conhecido que, se um lado cede terreno, o outro avança com seus exércitos até montar acampamento perigosamente ao redor do castelo.

• Gratiluz: nesta forma rara, ambos se interessam pelo bem da relação em si. Os dois enxergam a si e ao outro com certa clareza e comprometimento. Conseguem passar por cima de suas dissimulações, recalques e desejos umbilicais. Ambos baixam a guarda e, estranhamente, quando um se dispõe a ouvir, o outro não tem mais a necessidade de atirar primeiro e perguntar depois. Seu estágio subsequente na Roda da Samsara é a ascensão do casal ao Nirvana na próxima Lua de Wesak.

Toda DR é sinal de desgaste excessivo das borboletas no estômago, e o casal precisa de uma transfusão de crisálidas – ou mesmo lagartas, se as DRs estiverem em estágio ainda inicial.

Doenças covardiovasculares

Não permita que as covardias circulem livremente pelo seu sistema.

O sistema vascular da Alma bombeia éter pelo seu corpo astral e emocional; é centrado no coração e composto por milhares de quilômetros de veias feitas de ar, as artérias.

O sistema covardiovascular tem grande capacidade de espalhar o que sente; então, uma vez que é atacado por uma covardia, logo todo o enfermo estará tremendo.

As covardias espalhadas são das mais diversas – medos leves causados por insetos que passam por baixo da porta ou terrores maiores quando o mesmo acontece com boletos.

A melhor medicina não é a preventiva, mas a combativa: olhar nos olhos dos medos e, em um instante de pura insanidade, fazer o que deve ser feito, apesar dos suores noturnos, insônia, pensamentos moribundos e outras resistências.

23

Doença da mala pesada

O excesso de bagagem já impediu muita Alma de embarcar para destinos diferentes.

A mala é o órgão onde a Alma guarda tudo o que não quer. É estranho pensar nisso: se a Alma não quer, por que não joga fora? Porque ela não sabe mais diferenciar as coisas que, dentro da mala, compõem uma alegria ou sustentam um defeito.

A Alma é acumuladora, tem medo de abrir mão das coisas e, sem querer, se livrar de quem é. Fica apegada a tudo, pensa que ainda pode precisar daquela nuvem de chuva trazida por uma desilusão ou da cartola de mágico da sua primeira fantasia. Claro, ela sabe que precisa do pote cheio de espinhos. O uso deste é fácil de entender: lembrar-se de onde não ir e de quem não amar; mas escolher entre esse pote e o pote de pontas de lápis de cor que colecionou a vida toda? Não consegue entra em pânico, trava.

Apegadas demais, Almas são impedidas de voar por excesso de bagagem e só então se dão conta de que perdem o destino. Você já deve ter visto algumas dessas Almas protagonizando um esvaziamento desesperado de si mesmas nos balcões dos aeroportos.

24

Drenagem de Alma

Se você está perdendo energia, mas não encontra os furos por onde vaza a aura, fique atento a estas indicações.

Há vampiros de carne e osso, reais. Vampiros que dormem de dia e mordem o pescoço das pessoas. Mas há um tipo pior, aquele que suga os sonhos – o vampiro da Alma.

Criatura nefasta, terrestre ou alada, está sempre por perto; no escritório, na baia ao lado; nas ligações de telemarketing. É aquela pessoa que se esconde atrás de pitacos e usa a expressão "fazer o advogado do diabo". É quem, em um dia de sol, faz garoar somente em cima da sua Alma.

Drenada, a Alma vai murchar, deixando de atrair os desejos que polinizam os estalos. Também deixará de fazer sua parte na produção de arco-íris, perdendo a cor pouco a pouco. Abatida por pensamentos turvos, a Alma arrasta para fora da cama um corpo pesado; se olha no espelho procurando os furos por onde vaza, mas esses vampiros, espertos, não deixam marcas.

25

Emsônico

Um bom sonho seria capaz de despertar uma Alma?

As Almas dormem mal e, quando abrem os olhos, sonham. Passam o dia sonolentas. Até andam por aí e se movimentam; nas conduções, cada uma encontra seu assento, subindo no ônibus, descendo do metrô, circulando de carro, ainda que faltem todas as respostas para os porquês que as corroem por dentro.

Por que, afinal, fazem tudo isso? Se convencem de que é por causa do dinheiro. Sim, é com ele que finalmente serão alguém e terão lugar garantido nas filas mais importantes.

Isso conforta. Ou deveria. Mas não.

Entrar na fila é outro jeito de fugirem de si mesmas. Passam-se anos e é tudo tão lento, trabalham e sua vez nunca chega. Sonâmbulas, optam por deixar seus sonhos em prateleiras bem altas, porque de qualquer jeito não saberiam o que fazer com eles, caso fossem alcançados.

Dormem as Almas acordadas, subindo no metrô, descendo do ônibus, engarrafando no carro, o dia inteiro. Uma vida sem um único acontecimento. Tocam a existência nessa insônia reversa, enfermidade que torna impossível seu despertar.

26

Estado de nevoeiro induzido

Há duas maneiras de sair de um nevoeiro: passar por ele ou deixar que ele nos atravesse.

É comum que as pessoas deixem o nevoeiro passar por elas. Não parece tão ruim. Ficam paradas e se fingem de mortas. É possível que o indivíduo perca alguns dias ou anos agachado fazendo preces. E, claro, há sempre o risco de o Minotauro encontrar o enfermo entre uma bruma e outra.

Já passar pelo nevoeiro é outra história – sem ver um palmo à frente, a Alma usa seu GPS ainda que o medo não seja somente achar o caminho: um passo em falso na lucidez, e corre-se o risco de despencar em uma crise de identidade; um lampejo de consciência pode desmascarar o emprego atual e revelar uma função sem propósito.

Pode ser que a pessoa ande em círculos e que passe fome em sua busca. Pode ser que se ache o último dos humanos, sozinho e desalojado. Se tudo isso vier com uma estranha confiança em si, é certo que o caminho para fora foi encontrado.

27

Estiagem onírica

Quem não sonha quando dorme não desperta quando acorda.

Segundo levantamentos do Ministério do Nevoeiro, quatro a cada cinco pessoas não sonham – aliás, sonham, mas não sabem. Isso é grave.

Um longo período de estiagem de sonhos tende a deixar o indivíduo disperso, em um estado de neblina densa no qual a Alma voa no piloto automático. Nesta situação, serão desligadas funções não vitais ao dia a dia, como uma dança sem propósito ou um flerte pelo olhar.

Por mais que a Alma tente criar sincronismos, um nevoeiro agudo tende a virar crônico; Alma e sujeito não enxergam um palmo à frente do nariz e se perdem um do outro. A Alma vaga preocupada com missão e realização enquanto o sujeito sai em busca da tampa certa para fechar a marmita.

Embora contrarie todas as comédias românticas, o melhor a se fazer neste caso é reconhecer que Alma e sujeito são em si tampa e marmita. Tampar-se de si. Seguir inteiro.

28

Estômago coaxando

Por que borboletas somem do estômago quando se engole sapos?

Pode ser comum ou um raro *Bufo spinulosus* andino, pode ser uma inofensiva perereca de jardim ou uma espécime venenosa – seja qual for o tipo, são raros os casos em que a Alma engole um sapo já adulto. A bem da verdade, o que se engole são girinos que terminam sua metamorfose na traqueia.

Se o sapo descer para o estômago, região úmida e farta em alimento, ideal para procriação, poderá eclodir uma Epidemia de Batráquios – estágio em que os sapos vão dizimar a população de borboletas no estômago do enfermo, fazendo com que ele perca todas as suas paixões.

Sapos engolidos coaxam, e este ronco pode até ser confundido com fome; mas não se engane. O coaxar do sapo está mais para um resmungo, um lamento ranzinza, e trará consigo, de volta pelo tubo digestivo até a boca, o sabor amargo das ofensas que ouvimos calados.

29

Explosão de raiva

Não há corpo de bombeiros capaz de frear um fogo que se alastra no peito.

Uma Alma que contrai explosão de raiva se inflama rápido. A enfermidade sobe das entranhas como um foguete – é por isso que pessoas que tentam controlar sua raiva contam de zero a dez: se fizessem o contrário, de dez a zero, estariam iniciando uma perigosa contagem regressiva para lançar esse míssil. Uma vez que o projétil tenha sido disparado, teleguiado ou não, passa pelo sistema gástrico, causando queimação, e explode em quem encontrar pela frente, culpado ou inocente.

Há, entretanto, variações diagnosticadas em que, em vez de explodir, a ogiva fica presa na traqueia e implode, incinerando tudo por dentro.

O que faz mais estrago? Reduzir-se a cinzas por não ser capaz de dizer "não"? Ou perder tudo ao iniciar grandes incêndios no outro, chamas incontroláveis que, não raro, consomem até o fim aqueles que mais amamos?

Não há tratamento em casos de lançamentos iminentes. Assim, a única recomendação possível é que o enfermo corra para um bunker, um abrigo antiaéreo, cercado por paredes de concreto de um metro de espessura – um lugar onde os outros, trancados para fora, estejam seguros.

30

Falência múltipla de casamentos

Aviões-fantasmas levantam voo com relacionamentos que não decolam mais por si mesmos.

Almas não lidam bem com términos, e é por isso que podemos ver tantos casamentos em voos cegos, guiados apenas por aparelhos.

Você se pergunta: por que não pousam, por que não seguem um voo solo? Parte da resposta é: porque os enfermos não vivem pelo presente: eles têm certeza de que o casamento é como um investimento financeiro, uma previdência privada do companheirismo, algo pelo qual se sacrificam hoje para não ficarem sozinhos amanhã.

Para além disso, vivem no piloto automático, sistema da Alma que permite que os dias sejam mais ou menos os mesmos, com velocidade de cruzeiro, servindo frango ou pasta e um vinho de vez em quando.

Por que não saltam? O casamento é um voo para dois no qual há apenas um paraquedas. Ambas as Almas evitam pular porque já não confiam nas próprias asas. Agarram-se uma à outra, em um pacto de não despencarem sozinhas no infinito de si mesmas.

31

Febre afetuosa

Quando o afeto acaba, a sequela é uma febre difícil de ser curada.

Virótica, a febre afetuosa se reinventa a cada nova epidemia para vencer até os que se dizem vacinados. É transmitida por saliva, abraço e colo, porém, curiosamente, não pelo toque, e sim pela falta dele.

Sem toques físicos ou mesmo astrais (como os olhares), a Alma sente o inverno em si, iceberg que naufraga seu coração e deixa a tripulação vagando em botes salva-vidas.

Nestes casos, é aconselhável tirar a temperatura de cada meio-abraço e observar se não sobe de repente: o corpo, em uma tentativa de gerar em si o calor que não vem do outro, pode se sobrecarregar, causando uma pane no sistema de calefação.

O calor excessivo, em contato com as baixas temperaturas dos mares onde os botes tentam se salvar do naufrágio, criará um intenso nevoeiro – este é o último estágio e também a sina da enfermidade: fazer o enfermo passar o resto dos dias vagando em busca de companheiros.

32

Fisgada nas entranhas

Lampejos de sonhos são iscas reluzentes que farão a Alma morrer pela boca.

A Alma é facilmente enganada por lampejos de sonhos reluzentes. Morde a isca e, uma vez fisgada por um medo, vai se debater, alternando estados de luta franca e descanso – como os fins de semana na praia.

Em casos de exaustão total, o enfermo é tirado da existência para viver em tanques. De outra forma, poderá tocar a vida com relativa normalidade, tirando-se o fato de estar fisgado.

Com a experiência, saberá o enfermo que tem linha suficiente para ir até o mercado, mas não até o corredor dos peixes; linha para viagens curtas nos feriados ou mesmo para um voo internacional de tempos em tempos. No entanto, não se engana mais. Se desperta e olha para dentro procurando pelo anzol que impede os movimentos, sente puxar o fio que o prende – são os medos recolhendo a linha no molinete.

33

Fratura de esperança

Engessar nunca foi opção para uma esperança quebrada.

A Alma, sábia que é, trabalha bem a esperança no dia a dia. Ela sabe que a esperança é o esqueleto etéreo, que dá sustentação a todos os outros órgãos. A esperança em si pode ser simultaneamente forte e frágil. Ela tem a força de sustentar, a missão de levar adiante o enfermo, a fé para movimentá-lo rumo ao mundo, rumo a si mesmo, rumo ao outro.

No entanto, a esperança é passível de traumas e pode se partir em um tombo, por exemplo. Uma vez partida, a esperança é difícil de ser tratada, já que é impossível engessá-la apropriadamente. Em geral, opta-se por tocar a vida com a esperança quebrada mesmo, esperando que o tempo resolva esse trauma.

É uma alternativa, pois a esperança, tal qual uma costela, pode muito bem cicatrizar se observados alguns cuidados; porém é preciso ter sempre em mente que uma Alma com esperança quebrada pode não ter mais o mesmo ímpeto, as mesmas força e flexibilidade de antigamente. Algo nessas Almas nos sugere desencanto e, por isso mesmo, muitas delas são aconselhadas a colocar pinos.

34

Fuscofobia

Se há enfermidades que fazem o corpo padecer pelo excesso de luz, no caso da Alma a doença é a falta dela.

É o medo profundo de olhar para o escuro. É o mal que impede o enfermo de mergulhar nas suas sombras, deixando-o sempre no raso da vida, na piscina das crianças.

Como as sombras não são drenadas, tendem a transbordar de quando em quando, encharcando a Alma, que, com o tempo, perderá sua translucidez e sua aura alva para seguir turva e amassada, como se tivesse tomado uma ducha de fumaça ou um banho de escapamento de caminhão.

Não é que nadadores de longa distância ou praticantes do mergulho amador das sombras não tenham medo; eles sabem que marés de escuro puxam para o fundo e que pode levar anos para eles emergirem novamente. Mas continuam nadando e mergulhando porque confiam que, passando o quebra-mar, haverá correntes que arrebentam o escuro – ali, podem colar os cacos de si que saltam das sombras espatifadas.

35

Hiperventilação de suspiro

Em caso de parada suspiratória, ligue 192.

Ouvimos inúmeros relatos de pessoas que ligaram para a própria Alma, mas a chamada caiu na caixa postal. É mais comum do que parece, pois, até para a Alma, paciência tem limite. Dar um gelo no enfermo é o jeito de a Alma dizer que não está feliz.

Por negligência constante, a Alma cansada às vezes decide baixar a porta de ferro da vida e se demitir. Neste caso, é preciso estar pronto para uma hiperventilação de suspiro, que acontece ao soprar-se a Alma até que esteja inflada. Hiperventilar de suspiro abre uma brecha na agenda, ali entre uma videoconferência e as contas a pagar, conectando o enfermo com memórias de infância e idealismos passados.

Em casos assim, ofereça os primeiros socorros e ligue para a emergência. A Alma costuma voltar atrás quando percebe que ainda há um sopro de sonho no corpo.

36

Inflamação das vidas aéreas

Como os humanos desaprendem a voar.

A cada ano, levantamos menos voos. A vida urge e muito depende de manter os pés no chão e a cabeça em cima do pescoço. Além disso, temos que dar conta da louça na pia e dos boletos disparados contra nossas caixas de correio, arautos do fim do mundo.

Não há sonho atrevido que resista, e a inflamação das vidas aéreas logo se instala. Por ficarmos aterrados tempo demais, os órgãos responsáveis pelo voo perdem lubrificação, as asas empenam e os parafusos que mantêm a fuselagem no lugar se esfacelam. Isso sem falar no preço da gasolina de aviação da Alma, que está pela hora da morte.

O enfermo toca adiante, ainda que a inflamação o deixe gravemente acamado. A solução mais comum é ejetar aquilo que dói e se conformar em apenas olhar para o céu. De dia, manter a cabeça em cima do pescoço, de noite perguntar-se o que deu errado.

Em uma dessas idas e vindas do supermercado, recomenda-se ao enfermo sair de casa batendo vigorosamente as asas. Ainda que a inflamação não permita uma decolagem, o vento vai oxigenar os lugares da Alma onde há tempos não bate uma brisa.

37

Intolerância ao corpo

Uma Alma que sai para comprar cigarros pode nunca mais voltar?

A Alma é nosso órgão mais etéreo. Como tal, está sujeita não só aos males do mundo, como fumaça cancerígena e anabolizantes no frango, mas também aos nossos humores. Diferente do fígado, digamos, a Alma sabe de antemão se seu chefe novo é um calhorda disfarçado ou se seu casamento termina de fato este ano.

O problema dessa enfermidade é que o enfermo ignora os avisos da Alma e se rala na aspereza da vida. A Alma não lida bem com traição; sai à noite depois do expediente e enquanto dormimos toma um drinque com as Almas que conheceu em outras vidas. Durante estes drinques, as Almas aborrecidas dividem suas mazelas, falam de como o corpo é denso e de como tocam o barco sem um elogio dele.

Há casos em que esses happy hours se estendem, a Alma estica, dorme fora de casa e pode até passar uns dias sumida. Não é raro. Há na literatura médica da Alma o relato de uma moça que ainda esquenta o jantar todos os dias na esperança de que sua Alma volte.

38

Lamento crônico

O lamento é a porta por onde entram doenças mais pesadas.

Todas as pessoas da Terra contraíram ou vão contrair uma das formas de lamento ao longo da vida. De fácil contágio, o lamento é caracterizado por sintomas clássicos, como pés calçando sapatos encharcados, respiração dentro de escafandro e espinha arqueada pelo peso do mundo. A saber, o lamento rouba mais energia do que ligação clandestina em poste de eletricidade.

Não existe uma cura alopática para esse mal e, apesar da maioria das pessoas achar que o lamento passa como a gripe, é preciso acompanhar o quadro.

Portanto, é preciso que o enfermo se permita algum sofrimento, mas que não carregue no drama por mais do que, digamos, um ano. Contar a mesma história por muito tempo vai cristalizar o lamento e exigir uma complicada intervenção cirúrgica para sua retirada. Quem já teve crise de cálculo renal sabe bem o que isso significa.

39

Lesão de morte no vermelho

Se as erupções passam de cutâneas a vulcânicas, fique atento ao menor sinal de fumarolas.

O vermelho é o sistema responsável pelas erupções *calientes* da Alma, é o magma ígneo que se move por baixo das placas tectônicas que são a contenção derradeira de amores abruptos e paixões incendiárias.

Quando entra em erupção, o vermelho escorre em ondas que deixam as pernas bambas, o coração em disparada e os olhos cegos por causa das fumarolas. A força incontida e tempestuosa do vermelho pode tanto iniciar relações novas e intensas quanto produzir queimaduras nas atuais; afinal, sempre que se abre a boca, as línguas estão fumegando.

Por outro lado, a falta de erupções de vermelho traz o risco de uma lesão de morte – perde-se o fogo nos olhos, a Alma fica excessivamente pálida e, neste caso, são os outros que colocam arreios nela; quando esfria demais, o enfermo corre o risco de ser ele a montaria dos vermelhos alheios.

Ao menor sinal de rosa, portanto, fique atento. Combata o branco que se instala com doses cavalares de desejo.

40

Lua em Câncer

Como a posição dos astros no céu pode determinar o lugar exato do estrago aqui embaixo?

Lua em Câncer é uma enfermidade de nascença; seu contágio se dá através das posições dos astros no céu no minuto em que nasce o enfermo. As sinas zodiacais, segundo especialistas, mostram para a Alma um caminho a ser evitado, uma bula do além chamada de mapa astral.

No mapa, uma Lua que cai na casa de Câncer indica que o enfermo será sensível demais – bem diferente do caranguejo que dá nome a essa condição, nascerá o enfermo sem carapaça e sem garras, sofrendo seus dramas em profundidade e, não contente, tomando as dores nos dramas alheios.

Se você conhece alguém que sofre deste mal, o melhor a fazer é se afastar muito lentamente, de costas, pé ante pé, como quem foge do encontro com um urso cinzento. Se você é a pessoa portadora desta condição, não tente fugir de si mesmo. Lembre-se: aonde quer que vá, você estará lá se esperando.

Mudar os astros é impossível, mas, se a sorte está lançada, consulte o quanto antes um papagaio de realejo.

41

Luminosidade vacante

Seriam os vaga-lumes agentes dos sonhos infiltrados na realidade?

Estrelas, óvnis e vitrais são irresistíveis – a Alma é atraída pela luz como os insetos. Gosta em especial de vaga-lumes, porque aprendeu que as luzes deles não piscam de forma aleatória: são como um código Morse trazendo mensagens do além.

Jogos amorosos tortos, brigas por inventário ou o encarceramento do pássaro azul no peito podem ter efeito direto na luminescência da vida, derrubando a chave geral dos vaga-lumes, que ficarão pálidos, amuados e silenciosos.

Pode levar anos até que o enfermo se recupere por inteiro do blecaute. Mas bem antes disso, depois de ligados os geradores de emergência, basta que um único pirilampo se acenda. A Alma tem de volta seu mensageiro e encontra na hora o caminho para fora do seu nevoeiro.

42

Mal de "era pra ser, mas não foi"

Antes de entrar em uma briga, certifique-se de que o outro lado não traga escondido uma palavra, uma frase ou outro objeto perfurante.

O peito chia fundo e parece que as lágrimas que despencam não baterão no chão tão cedo. O mal de "era pra ser, mas não foi" é uma mistura virulenta de raiva, culpa, saudade, tristeza e luto – sentimentos que se manifestam juntos quando, de forma impulsiva e equivocada, decidimos reler as primeiras mensagens que foram trocadas no início de um relacionamento.

Naquele tempo, Almas apaixonadas usavam palavras tão diferentes daquelas que frequentemente usariam no final conforme escrevessem o pior sobre o outro, com lápis apontados e quebrados sucessivamente por mãos pesadas e corações de chumbo.

Espadachins do grafite, esgrimindo frases cegas, última linha de defesa frente às estocadas do outro na Alma. O peito uiva, o vento faz a curva em uma árvore escura. Como em todos os finais do mundo, não há céu nem Lua. Não há nada de ternura; o remorso bate à porta, mas não tem ninguém em casa.

Mal ingrato e irreversível. Uns dizem que o tempo cura, outros que o tempo só faz aumentar o desejo por um duelo de morte através das mesmas mensagens nas quais fizeram um dueto. O tratamento recomendado é sempre o duelo; afinal, morra você ou o outro, ambos encontram a paz.

43

Mascaramento agudo

De tanto vestir máscaras, a Alma se esquece do próprio rosto.

Desde cedo, a Alma aprende a usar máscaras – não que seja dissimulada, na verdade faz isso para se proteger. Entende que de vez em quando é mais fácil se disfarçar daquilo que querem que ela seja.

A Alma se anula, e ocorre o acúmulo de autocancelamentos, que deixarão sequelas no seu sistema de crenças e estima. Com o tempo, não saberá mais quem é ou no que acredita, se as palavras que saem da boca são suas, se está repetindo uma propaganda, se aprendeu em um filme.

Está aí, portanto, a magia e a maldição desta enfermidade: a Alma passa batida. Se por um lado isso a preserva dos predadores, por outro faz dela um fantasma.

Já invisível, a Alma-fantasma se olhará no espelho. Pode ser que não ache nada. Pode ser que abra as janelas e, em um lampejo dos olhos, se lembre. Não chega a ser um tratamento, mas olhar a Alma nos olhos é sempre um bom conselho.

44

Mau funcionamento de *big bang*

O que a Alma era antes de se tornar uma Alma?

A Alma recolhe dentro de si folhas secas que trouxeram os maus ventos e as palavras duras que gostaria de ter esquecido. Fecha-se e registra tudo em um caderno duro de capa preta.

Uma Alma assim continuará se recolhendo e se comprimindo até seus sonhos e desejos serem esmagados. Vai se compactar tão densamente que atrofiará também os sentimentos. Almas que não sentem há muito tempo são alvo certo de *big bangs*.

De tanto se comprimirem, chegam a pesar um só átomo – e então explodem com tudo que têm direito. Pode ser que destruam a estabilidade em um raio que vai de casa até o emprego. Vão pelos ares a segurança na carreira, o casamento, o silêncio, o medo de seu escuro.

Quando isso acontece, choram copiosamente e riem ao mesmo tempo. Saem em disparada de casa; se expandem numa velocidade incrível. Em um segundo, ficam imensas, azuis, cheias de estrelas.

Olham para o céu e se veem. E é assim que nasce um universo.

45

Mau funcionamento do sistema empático

É por isso que muitas vezes uma Alma sofre, e no entanto é outra que chora.

O sistema empático é responsável por fazer com que a Alma sinta um pouco do que o outro sente.

Nem todas aceitam bem isso, afinal não dão conta nem do seu sofrimento. Essa visão separatista causará um mau funcionamento no sistema empático, fazendo o enfermo crer que não precisa de ninguém. Se para o corpo humano isso é factível, para uma Alma não há corte seco.

A cura vem do entendimento de que a Alma é uma coisa só, habitando lugares distintos ao mesmo tempo. É por isso que uma Alma sofre um golpe, mas a ferida se abre em outra; que ela se corta, mas é alguém próximo que chora; que é atingida por um disparo, mas é outra que sangra.

46

Melancolismo

Uma única tragada de melancolia pode viciar para a vida toda.

O melancolismo é uma enfermidade que pega forte e de repente. Não faz distinção de idade, raça ou gênero, apesar de indícios de que, como o câncer, gosta dos fumantes. Faz com que os enfermos se sintam como se respirassem dentro de uma caixa de sapatos ou com passarinhos presos no peito.

Há casos de pessoas que tragam até três maços de melancolia por dia, por conta do melancolismo. Quando questionadas, elas dizem que podem parar quando bem entenderem, mas a verdade é que a melancolia contém substâncias viciantes, como a vitimização e o drama.

Tramita um projeto de lei que visa colocar imagens dos efeitos do melancolismo nos maços de melancolia, além de proibir campanhas publicitárias e poemas que levem inadvertidamente a esse estado. Dizem que essas imagens terão fortíssimo apelo: um mágico sem truques em um banco de praça, um nevoeiro avançando sobre uma cidade litorânea, um cardume de sonhos numa tarrafa.

Adesivos de melancolia ajudam, mas não resolvem. O melhor a se fazer é tragar a vida sempre que bater a fissura de um cigarro.

47

Membro-
-fantasma

Teriam os fantasmas membros-fantasmas?

É bem documentada na literatura médica a ocorrência de sensações físicas em um membro do corpo que o paciente já não tem. Conhecido como "membro-fantasma", o fenômeno é uma reação do cérebro, que teima em sentir o que não é mais.

E quando é a Alma – que na linguagem popular já é um fantasma – que insiste em seguir sentindo aquilo que também perdeu? Seus membros (principalmente as asas), seu emprego, seus entes? Diferente de nós com o corpo, os membros-fantasmas da Alma tendem ao infinito, posto que ela preserva tendências acumuladoras de apego que vêm de centenas de existências.

Não raro, os consultórios recebem enfermos que ainda sentem, por exemplo, o gosto do molho vermelho dos domingos de antigamente ou o cheiro da pessoa com quem trocaram o primeiro beijo. Quem ainda não ouve uma risada ou sente um colo? A Alma guarda em um porta-

-joias o timbre de voz daqueles que amamos e perdemos, na tentativa de mantê-los.

Quem nunca sentiu a mão de quem amou, fantasma, ainda na sua?

48

Nó nas cordas vocais

Verdades têm um imenso potencial sísmico; por onde passam, causam desabamentos.

As verdades da Alma são medidas na Escala Richter pelos abalos que causam. E é exatamente pelo seu poder destrutivo que muitas verdades não chegam a ver a luz do dia.

Já foram estudadas centenas de milhares de casos sismográficos em que verdades que conseguiram se desvencilhar do nó nas cordas vocais puseram abaixo construções razoavelmente sólidas. São casos de sócios que finalmente pediram a falência da amizade, filhos que saíram brigados de casa, tristezas de mais de vinte andares que desabaram. Verdades já trouxeram a mulher amada em sete dias só para fazer cair a casa.

Uma vez dita em voz alta, fica a verdade fincada no nosso epicentro. Tudo em volta treme. Embaraçamos as nossas verdades em nós, tememos que nada do que construímos até hoje fique de pé depois delas.

49

Obesidade mórbida da lágrima

Lágrimas gordas
precisam de dieta?

Chorar gotas gordas pode trazer imenso alívio para a Alma que padece. E que Alma não padece? O ponto nevrálgico dessa debilidade, entretanto, não está ligado ao pranto salutar, mas ao volume cúbico de cada choro.

Se desregulado, o sistema lacrimoso passa muito rapidamente de fina garoa a tromba d'água, proporcionando derramamentos do enfermo em público e, nos casos mais graves, levando à síndrome do olho seco, situação em que a Alma precisará de constantes transfusões de pranto.

O controle dessa enfermidade deve começar pela reeducação na ingestão de tristezas. No início, sem radicalismos, a Alma se propõe a parar de lambiscar seu desalento e a preferir os dissabores sem sobremesa.

Com o tempo, as lágrimas voltam ao peso recomendado para o índice de massa da Alma, estando o enfermo liberado para um rodízio de mágoas.

50

Ombro deslocado

Nem toda Alma sofre por ter perdido as asas, mas todas choram quando seu ombro parte para longe.

Quando se atrela a nós neste corpo, a Alma se esquece de que é parte do todo. A Alma sente falta do colo do universo. Apartada e sozinha, ela encontra alívio fazendo par com outras que sentem o mesmo. São o ombro amigo da Alma, família que ela escolhe para ser seu fechamento.

Um deslocamento do ombro da Alma acontece, por exemplo, quando estes companheiros da existência vão morar em um país estrangeiro. Deslocado o ombro amigo da Alma para outro continente, as vidas tomam rumos diferentes; desbotam-se os porta-retratos e os telefonemas ficam raros.

Fica a Alma com o incômodo de saber que seu ombro se desloca para o aeroporto no dia marcado. Fica a Alma muda, imóvel, catatônica. Sem ombro, fica a Alma incapacitada, inclusive, de um último abraço.

51

Pane no cardiolocalizatório

Não é difícil ver uma saída.
O problema é esse labirinto
entre ela e a Alma.

Há Almas bastante propensas a labirintos. É gente de Aquário e de Escorpião, principalmente. Pior, há ainda as de Peixes, aquelas Almas que não podem evitar se perder em mergulhos nas suas profundezas — sintoma que na maior parte dos casos se revela como uma disfunção no sistema cardiolocalizatório, responsável pela nossa navegação em águas profundas.

Sabendo que há algo maior, mas sentindo-se desencaixada do todo, a Alma de Peixes sai em busca da parte que falta. Como faz isso com o coração em pane, procura em todos os lugares em que a parte que falta não estará: ou olha demais para seus próprios defeitos, arrastando mais e mais seu buraco negro; ou procura nas festas, onde dança em cima das mesas para provar para si mesma que ainda respira.

É da Alma de Peixes dramatizar, mas muitas vezes o sistema precisa apenas de uma reinicialização. Coloque o enfermo na sua frente, aplique um abraço longo e, se perceber que ele está deixando as profundezas, emende um beijo.

52

Pássaros na caixa torácica

Desejos que vivem em gaiolas desaprendem a voar.

Peito assobiando e ciscadas no coração são sintomas típicos de pássaro preso no peito, enfermidade que se origina nos desejos recalcados que não atendemos. Por temer esses desejos, o corpo cria em volta deles uma fina camada de cálcio, um artifício para prendê-los.

O problema é quando o desejo incubado choca e dele nasce um pássaro que, sem alternativa, viverá empoleirado entre as costelas.

Muitos tratamentos já foram estudados, inclusive procedimentos cirúrgicos para a retirada da ave, que não se deixa capturar com vida. É uma contraindicação pesada: precisamos que nossos desejos estejam vivos para tirá-los do peito.

Em antagonismo, a sabedoria popular aponta um remédio caseiro que surte bons efeitos: abrir a porta da gaiola, atrair o pássaro para fora, deixar que voe sem medo.

53

Perder-se no outro

A Alma despenca no abismo que é o outro porque é mais fácil que escalar o seu próprio.

A Alma está crente de que no fundo do outro encontrará a resposta para o mistério da sua existência. Desce, então, a Alma pelas encostas alheias, com cautela e alguma frieza para explorar cavernas cheias de sentimentos claustrofóbicos. Há muito limo e é bastante escuro. O enfermo escorrega e cai com tudo. Paralisado momentaneamente, sua vida passa como um filme. Será seu fim? Terminar em uma fenda? Engolido por quem ama?

Almas precavidas não entram no outro sem capacete, holofote, colete, roupa de mergulho e cilindro de oxigênio – de todos, o mergulho nas cavernas de alguém é de longe o esporte mais perigoso que existe.

Difícil prever as consequências deste mal que é perder-se no outro. Muitos mergulhadores experientes se lançaram e nunca mais se teve notícias deles. O outro e suas cavernas cobram um preço alto dos aventureiros de plantão, daqueles que amam sem medir o tamanho do buraco, daqueles que entram no outro e não se preparam.

O outro draga sua Alma gêmea para dentro e nunca mais a devolve inteira.

54

Queda na produção de faíscas

Por que procuramos a faísca no outro se temos uma chama para chamar de nossa?

Quando um casal decide terminar um casamento é porque a produção de faíscas caiu a um nível irreversível. Antes que tudo vire fumaça, eles dividem os talheres, os livros, os cômodos da casa, as camas e as mesas de cabeceira. Cada um precisará se reacostumar a dormir de meias, entre outros hábitos das pessoas solteiras.

Ainda nesta divisão dos espólios do amor, de quem fica com o quê, ambos retiram do outro, um pouco que maldosamente, suas velas de ignição. A vela de ignição dos seres humanos fica dentro da cavidade mitral do coração. Também chamada de centelha divina por algumas tradições religiosas, é o órgão responsável pela fagulha que nos ativa.

Nesses casos, o caminho mais confiável é procurar velas de ignição para reposição. Porém, o período em que o enfermo anda sem sua própria vela exige atenção redobrada: há a chance de uma faísca alheia começar repentinamente um novo incêndio.

55

Queda na real

Quando a vida toma caminhos tortuosos, escolhe péssimas calçadas. Não é de se espantar que tantas Almas vivam caídas.

Almas caem todos os dias na real; Almas que tropicam nos caminhos sinuosos rumo aos dragões que protegem donzelas, Almas que atravessam na corda bamba de um flerte para outro. Veja as Almas que dançam tango, por exemplo: estão na iminência do precipício, assim como as que procuram oráculos para fazer amarração do amor.

É do nada e de repente que a realidade atinge a vida, meteoritos abrem crateras onde as Almas tropeçam. A queda na real é dura. Pode ser que machuque o corpo do enfermo ou simplesmente seu ego; mas fato é que a verdade deixa as Almas feridas.

Não há muito o que se possa fazer além de enfaixar se for luxação ou engessar em casos graves – quedas sofridas em buracos bem mais profundos como chifre no auge da paixão, vício em cartas de amor, entre outros. São realidades amargas para a Alma aceitar, o tipo de buraco do qual o enfermo leva anos para subir de volta.

56

Queimação na Alma gêmea

Nunca confunda paixão fulminante com infarto: a paixão pode matar se não tratada a tempo.

P aixão é um mal fulminante. Como a conjuntivite, pode ser transmitida através dos olhos – o que acarreta casos com sintomas mais brandos e passageiros. Se transmitida via saliva, a paixão pode derrubar uma pessoa completamente saudável em questão de horas, colocando a vítima de cama por tempo indefinido – uma febre forte se instala: estágio avançado conhecido como queimação na Alma gêmea, já que o enfermo se pela por ela.

Se a queimação não for correspondida, os sintomas evoluem para falta de apetite e de sono, desânimo sorumbático, perda da noção de realidade e poemas de mau gosto.

Tome especial cuidado com estes últimos, pois indicam estado terminal, ainda mais se forem sonetos. Por outro lado, os enfermos oferecem boas respostas a tratamentos contínuos com poesia sem rimas, Drummond, Pessoa, Clarice e canções breganejas.

57

Ranzinzice congênita

Se você acha que o seu grupo de amigos não tem uma pessoa implicante, esta pessoa pode ser você.

Almas que nascem implicantes tendem a levar a condição para a vida inteira, fazendo dela um mal congênito.

Uma má-formação na pureza da resposta das crianças, que diz que a vida é bonita, é bonita e é bonita, cria a condição-base do mau humor – que irrompe nas horas mais imprevisíveis, com o enfermo tendo ataques na calada da noite quando, com o mercado fechado, sente fome de jujuba. Mas não apenas; a ranzinzice congênita certamente vai aparecer durante uma longa viagem de carro, na briga pelas estações do rádio, no desencontro entre o fósforo apagado e o cigarro.

Apesar de o enfermo ser um fardo para quem está em volta, é possível que seja assolado pela versão autoimune do mal, na qual fica resistente a conselhos, achando que o chato é sempre quem não faz suas vontades.

Sendo assim, faça exames periódicos. Não deixe a ranzinzice te impedir de cantar como se fosse um eterno aprendiz.

58

Sangue nos olhos

Cuidado com o excesso de fogo na Alma: altas temperaturas fazem ferver o sangue.

Quando o sangue sobe à cabeça, é comum que se acumule nos globos oculares.

Indivíduos tomados por esse estado estarão dispostos a enfrentar o mundo de mãos nuas e faca nos dentes; invadem a solidão aos sopapos, tomam a Bastilha da Alma, libertam o povo oprimido que reside nas periferias do peito.

Espalham um clima de liberdade, igualdade e fraternidade, mas há terror por trás dessa bandeira. Como somos seres de sangue quente, o maior perigo é sempre que uma faísca salte de olhos efervescentes.

Uma faísca de sangue nos olhos é mil vezes mais potente que bituca em galão de querosene. É preciso cuidado: a Alma é um ser emotivo – chora por pouco e explode por nada.

59

Síndrome do coração peludo

Um fio de cabelo no seu paletó? Fique atento aos sinais da hipertricose coronária.

Todo coração que passou por flechada de Cupido, desilusão amorosa, financeira ou financeiro-amorosa tende a produzir pelos no coração.

No princípio, os pelos nascem para disfarçar os ferimentos – proporcionando ao enfermo uma sobrevida digna no relacionamento. O problema ocorre quando uma nova desilusão acontece antes que se esteja recuperado da primeira.

Sabemos que a vida é *vixe!* atrás de *eita!*, fazendo com que os pelos de cada incidente se acumulem, conferindo ao coração a aparência que dá nome à doença. Se por fora os pelos continuam protegendo os ressentimentos, por dentro o enfermo fica amargo e grosseiro.

Não há como retirar a pelugem com procedimentos estético-vasculares, tendo o indivíduo que fazer um trabalho longo e reverso, buscando a primeira flechada entre os refugos perdidos na mala da Alma. Ali, na peçonha daquela flecha de Cupido, reside também o segredo para que se manipule um contraveneno.

60

Sinuca de bico de papagaio

Para uma Alma à beira da caçapa, o pior que pode acontecer é aquela do papagaio.

Uma Alma sinucada passa por enorme desconforto, fica sem alternativas de movimento, a uma tacada de ser encaçapada.

Como não bastasse, por forçar muito a coluna no bilhar, a sinuca de bico pode vir a fagocitar um bico de papagaio, o que multiplicará não só os bicos, como também os papagaios que a Alma carrega.

Além do lamento que passa a ser narrado em voz alta pela ave, com o tempo, as enfermidades combinadas limitarão mais e mais os movimentos do enfermo, que passará a mancar, podendo, desta forma, claudicar quando forem pisar no horizonte, em um triste desdobramento do quadro catalogado por Jorge Luis Borges.

Sem movimentos possíveis e ainda mancando, à Alma restará um taco para fazer sua jogada de vida ou morte – taco este que poderá servir futuramente de bengala.

61

Torre na casa do trabalho

Quando a casa cai é ruim; pior ainda quando a Torre cai na casa do trabalho.

Almas que têm a torre na casa do trabalho fazem tudo errado: se envolvem com chefes, fofocam, se atrasam. Você conhece: são aquelas Almas que fazem questão de uma fala fora de hora nos *calls* e da primeira fatia do bolo da firma.

Iludidas e mal pagas, para não dizer outra coisa. Mais cedo ou mais tarde, a Torre cai na casa do trabalho; é neste dia que a casa do trabalho cai. É uma enfermidade fulminante, traz rupturas drásticas e doloridas; um mal que acomete de fora para dentro e de cima para baixo, *top down*. Essa moléstia em estágio avançado dá justa causa – obriga a Alma a empacotar seus pertences e assinar em três vias a humilhação que sente.

Uma unidade do SAMU da Alma deve ser acionada em casos graves – quando o enfermo não consegue caminhar até o olho da rua sozinho. Dependendo da profundidade do estrago, é recomendado tomar alguns pontos, que, assim como o ex-chefe que prometeu ajudar em uma recolocação, podem ser falsos.

62

Torre na casa dos relacionamentos

Da torre de onde heróis resgataram donzelas, sobra a torre de tijolo e cimento, para-raios do capeta.

Mal que acomete cem por cento dos casais; a torre na casa dos relacionamentos é, em geral, prenúncio de cataclismas e desastres naturais. A Alma nessa situação deverá aceitar que não eram só trovoadas: o raio pegou em cheio.

A Alma chamuscada vai direto para os cuidados intensivos. Ela luta pela vida enquanto amarra firme um resto de dignidade no fio do soro. Dignidade é: no olho do furacão, sentar-se em um bar, roupa desalinhada, drinque numa mão, celular furioso na outra. Escombros voam pelos ares e pensamentos sanguinários passam pela cabeça; mas, quando a Alma aceita que o divórcio vai ser litigioso, nada mais pode atingi-la. Há um alívio e respira-se melhor. Em geral é nessa hora que o pelotão de fuzilamento oferece ao relacionamento o último cigarro.

Ao longo dos dias, um choro e um funeral são inevitáveis. Quando morre um casal, o jeito é seguir as fases do luto até o dia em que o traje preto escuro acorde apenas mais para o cinza fechado. Dia de abrir cadeados.

63

Transfusão de pranto ajustado

Doe a quem doer.

E se as lágrimas secarem antes da dor? Sim, existem casos. São vários os motivos que levam a tal condição, como um canal lacrimal obstruído ou simplesmente a tristeza ser tão grande a ponto de enxugar a nascente das lágrimas. Tristezas grandes assim precisam de mais que só um par de olhos.

Assim, doar lágrimas é um ato generoso – para que o choro aflore no doador de pranto, é preciso que este se deixe invadir um pouquinho que seja pela tristeza alheia, o que pode ser mais dolorido que a picada de uma agulha (por isso mais gente prefere a doação de sangue).

Pelo desconforto nas doações e a própria falta de empatia do ser humano hoje em dia, Bancos de Lágrima fazem campanhas permanentes para sensibilizar as Almas e tentar repor seus estoques sempre capengas.

Chorar *com* o outro e não *pelo* outro pode salvar Almas ressecadas e sem esperança. Doe lágrimas.

64

Transplante de asa

Se duas pessoas têm uma asa cada, podem voar juntas.

O transplante de asa é a última chance para uma Alma que, por algum motivo, teve um sonho amputado. São muitos os casos que podem resultar na amputação do sonho – por exemplo, distúrbios de ordem financeira ou causas naturais, como a falta de crença em si mesmo. Na maior parte dos casos, nem é preciso operar, o sonho vai secando e cai sozinho do pé. É aí que entra o transplante de asa, cujo procedimento é até que bastante simples. O desafio realmente está em encontrar um doador compatível.

Tem gente que espera a vida toda na fila do transplante de asa e ainda tem medo da rejeição. Mas, se estivermos abertos, é muito possível encontrar ótimos sonhos para dividirmos e vivermos juntos. O doador ficará com uma só asa e o doente, com a outra. Dessa forma, poderão voar abraçados dali por diante.

65

Tristite

A arqueologia é a especialidade médica que desenterra as coisas da Alma.

É no vazio existencial que ficam soterrados os recalques. São eras de tapetes sedimentados, para debaixo dos quais as Almas varrem os desejos – sob um tapete cenozoico, por exemplo, um picolé que foi negado na infância ficará sem derreter durante toda a existência.

A tristite é a inflamação que a Alma sente quando se dá conta de que carrega dentro de si muitos esqueletos. O melhor tratamento é iniciar escavações, procurando os fragmentos que possam recompor o fóssil petrificado de um desses desejos.

Lágrimas fossilizadas e beijos preservados entre paredes de gelo na era glacial dos relacionamentos já foram resgatados e dissecados. No entanto, a grande descoberta não foi nada que essas expedições desenterraram, e sim o que deixaram: seus buracos.

Cavar em busca do passado abre espaços que minam o vazio existencial. Escavar o vazio é diminuir seu território.

66

Vazio existencial

O que colocar no vazio que fica?

U m dos males mais letais do nosso tempo atinge aquarianos em massa. O vazio é uma enfermidade silenciosa e se instala assim que nascemos. Todos têm seu vírus incubado, que pode despertar quando algum encanto se quebra, geralmente na adolescência.

O vazio existencial pode vir do nada, sem aviso e sem causa aparente, mas é agravado pela volta das férias, pelo final do pote de doce de leite, pela ressaca pós-balada; para alguns são as festas natalinas. Há motivos de sobra para o vazio.

Quando ele acomete o enfermo, uma boa ideia de tratamento é andar de bicicleta na contramão ou praticar outras pequenas contravenções que façam crescer as taxas de adrenalina no sangue. Especialistas também indicam uma paixão controlada, mas o Ministério do Nevoeiro é obrigado a avisar: prefira o furto no lugar da paixão – não são raros os casos em que esta última se alastra pelo vazio e, se não houver nada para o enfermo se agarrar, os resultados podem ser catastróficos.

67

Verdades pré-maturas

Quando uma verdade pré-matura não resiste, em seu lugar nasce um achismo.

Verdades pré-maturas são aquelas nascidas antes do tempo. No berçário das verdades da Alma, por não estarem ainda tão fortes e convictas, por serem pouco resistentes às críticas, verdades pré-maturas não podem sair da incubadora, sob o risco de se contaminarem com meias verdades alheias.

Por falta de convicção, muitas verdades ficam anos assim, entre a vida e a morte. Choram alto e nos acordam de noite. Querem ser vistas, querem crescer, querem cuidado, querem andar com as próprias pernas – diferentemente da mentira, que, como é sabido, nasce com má-formação nos membros inferiores.

Os enfermos desistem das suas verdades e as substituem por crendices populares, frases prontas e trechos de autoajuda. Mas as verdades nunca desistem. Dormem em suas incubadoras, ganhando força, sonhando com o dia em que estarão crescidas o suficiente para embalarem as Almas doentes.

68

Viagem astral no pau de arara

Um dia de cabelo indomável pode ser fruto de uma viagem mal planejada.

Você já teve aquela sensação de acordar do nada, como quem volta de um desmaio?

É um caso recorrente em Almas nativas de Peixes, que se distraem enquanto dormem os enfermos, perdendo o voo de volta pra casa. São obrigadas a fazer a viagem astral de regresso no ônibus; no pau de arara. É para os bravos: acorda o enfermo sentindo no corpo as dores da Alma que viajou enlatada.

Atordoado, mas sem escolha, veste assim mesmo a Alma amarrotada. Como no ônibus faz calor, ela viaja com a cabeça para fora, o que explica outro sintoma deste caso: o *bad hair day* – não importa o que se faça, o cabelo não encaixa no penteado.

Se você tem histórico para esse quadro, não se engane com gel ou pomada: aja na raiz do mal, obrigando sua Alma a estar pontualmente de volta em casa.

69

Viagem astral só de ida

Coisa de Alma que quer pegar o primeiro avião com destino à felicidade.

A Alma não é de ferro. Também se quebra. Chora pelo trabalho que não ama, sonha em fugir para a praia, onde abrirá uma pousada ou vai viver da sua arte.

Demissionária, grandes planos, em um ímpeto acessa uma oferta de passagens da madrugada. Compra um bilhete só de ida. Naquela mesma noite, enquanto todos dormem, arruma as malas, limpa sua mesa, olha para aquilo tudo uma última vez pela janela da Alma, os olhos.

De repente, bate uma brisa melancólica. Quer desistir, mas confere a passagem e vê que não dão reembolso. Respira fundo, agora ou nunca, embarca numa viagem astral só de ida.

Na manhã seguinte, o enfermo acha o café amargo e a vida sem sal – pensará que é um resfriado, sem saber que a Alma está milhas e milhas distante. É um mal sem tratamento – tudo o que se pode fazer é rezar para que a Alma seja uma péssima administradora de pousadas, que não tenha habilidade manual para viver de artesanato, que volte, ainda que frustrada.

70

Xerox
do trauma

A Alma envelhece, mas suas cópias passam anos com a mesma idade.

Dentro da Alma convivem outras Almas que não chegaram à idade adulta. Isso se dá porque, toda vez que se toma um baque forte, do tipo lutar ou fugir, um trauma fica xerocado na aura.

Esses fragmentos-mirins dos enfermos ficam presos no momento exato do trauma, o que obriga a Alma a desenvolver um puxadinho no apêndice para recolher essas crianças sem lar. É preciso tirar algumas horas por semana para visitar esse orfanato.

O enfermo deve adotar essas crianças em vez de fingir que não existem. Um olhar profundo, palavras que curam, colo e abraço. Pode levar doces ou também colocá-las para dormir e contar uma história. Esses são os primeiros passos rumo à vida adulta – tanto das crianças xerocadas quanto do próprio enfermo, que, por mais que se comporte como gente grande, terá recaídas quando as criancinhas dentro de si falarem mais alto.

· FÁRMACOS ·

01

Alma movida a sonhos
(ou osso duro de roer)

Uma única Alma que voa movida a sonhos é responsável por fazer decolar outras centenas.

A Alma que não se deixa abater toma uns pipocos na fuselagem, mas não cai, segue firme. Hoje em dia, é pesada a artilharia antiaérea nas grandes cidades. As baterias ficam no topo dos prédios mais altos e, ao menor sinal de uma Alma que voa, disparam.

Almas que voam são potencialmente perigosas porque, para que decolem, precisam ingerir grandes quantidades de sonho. E os sonhos, vocês sabem: a realidade não é páreo para eles. Indiferentes aos inimigos declarados no topo dos edifícios, as Almas sonham acrobacias.

Decolam de campos clandestinos traficando ilusões. Quando estão a mais de mil pés de altura, abrem o compartimento de carga e assistem cair aquele montão de esperanças.

02

Antibióculos

Quando uma Alma perde a capacidade de rir de si mesma, deve ter contraído uma proliferação de óculos.

Como já abordado anteriormente, os males do sistema ocular da Alma afetam tanto a visão como a visionariedade. Perde-se, por exemplo, a capacidade de ver o horário do próximo trem no bilhete bem como a habilidade de prever se ele vai atrasar.

A priori, Almas podem recorrer aos óculos. Não funciona cem por cento e, por isso, investem em mais e mais óculos, vestindo-os uns por cima dos outros; lentes de perto, de longe, síndrome de superioridade, de demérito, de rejeição, lentes de pretérito. Cada uma distorcendo ainda mais os fatos. Há enfermos que se veem menores, mais gordos, com corcundas de ressentimentos, agindo na vida como se morassem na casa de espelhos dos parques de diversão.

O caso avança para estados piores quando o enfermo adiciona binóculos e lunetas na esperança de voltar a enxergar ao longe. E só piora. Toda Alma é alva e luminosa, e com o tempo esse emaranhado de óculos de grau e de sol vai diminuir a passagem de luz. No escuro, o enfermo cria uma péssima imagem de si mesmo.

O caso é reversível ministrando-se antibióculos na veia. De imediato, este fármaco vai inibir a proliferação de mais óculos aleatórios e, por fim, extingui-los por completo para restaurar a perfeita visão de quem se é.

03

Arpirina

> # Quando se assopra bem forte o peito, partículas de sombra se levantam. É nessa hora que a Alma passa a peneira.

Como a Alma é composta basicamente de ar densificado, quando ela acumula poeira, CO_2, granizo ou outras impurezas, como deformidades na boa-vontade e nanismo emocional, sofre dores variadas.

A arpirina é indicada para os casos acima, em que a Alma precisa ser filtrada, recobrando algo da sua pureza inicial. É um fármaco de fácil acesso, não regulado, podendo ser adquirido gratuitamente, sem receita, em grandes lufadas. Pode ser ministrada numa única dose, de maneira bastante profunda, conhecida como bufada (se a Alma estiver mal-humorada) ou suspiro (nos casos de paixões instantâneas ou outras mais arrasadoras).

Entretanto, há posologias específicas e sofisticadas, em geral indicadas para uso enquanto na postura de flor de lótus. Com a mente limpa, deixa-se os pensamentos virem e irem, tomam-se os comprimidos de arpirina em fôlegos ritmados. Curtos, longos, fortes, conscientes, espaçados.

Engula direto para os pulmões em profundas goladas enquanto alinha os chacras. Para melhores resultados, tome suas arpirinas enquanto recita *Lokah Samastah Sukhino Bhavantu*.

04

Bolsões de ar

Cilindros de oxigênio são pesados demais para a Alma, daí a importância dos bolsões de ar.

Almas inquietas são acometidas por uma vontade incontrolável de conhecer suas nascentes. Em geral, fazem mergulhos profundos em si mesmas e não param de descer até saberem quem são, de onde vieram e o que têm dentro do peito que as faz serem em um dia fogo e no outro fumaça.

Assim, envelopam suas fagulhas em corações herméticos e, como os mamíferos aquáticos, puxam um fôlego largo para descerem a profundidades abissais. A descida leva tempo e, uma vez no fundo, essas Almas procuram por peixes luminescentes – lanternas biológicas cujas luzes acendem sobre bolsões de ar que vagam pelo oceano.

As Almas mergulhadoras tiram dos seus bolsos de neoprene canudos de metal com os quais perfuram as bolhas de ar. Cercadas de água e escuro por todos os lados, aspiram um gole generoso de oxigênio. Matam, assim, sua sede de suspiros e ganham tanto fôlego renovado para descer ainda mais quanto um bem-vindo sopro de ar para a longa jornada de volta.

Bolsões de ar são indicados para todas as Almas que se sufocam quando pensam em si mesmas.

05

Colírio para os olhos

Se entre o enfermo e o mundo se ergueram geleiras, saia catando gravetos bonitos. A beleza é a fagulha que incita fogueiras.

Um cavalo branco por detrás de uma cerca de heras poderia ser o companheiro de um príncipe que esteve pelas redondezas? O colírio permite que se veja tal animal, uma dobra de vestido esculpida no mármore, uma rua de casas antigas, feitas de pedra, por onde a chuva passou, mas deixou um rastro de cheiro.

Há belezas que a Alma devora pelos olhos. São minúcias e reminiscências, resíduos de outras vidas, fragmentos de futuro que ainda não são, mas que a Alma sabe que serão. É uma pena que os olhos dos enfermos não enxerguem de perto quando se mostra uma formosura.

Parte deste tratamento consiste em derreter as paredes de gelo e ressentimento que se erguem entre as pequenas belezas cotidianas e a vida do enfermo. Eras geológicas impedem que coisas simples como o amor floresçam. Mas a Alma sabe que é exatamente o amor que aquece.

E quanto mais ama (primeiro a si mesma), mais acontece um enigmático degelo para que os olhos consigam enxergar graça onde antes havia apenas casas molhadas, pangarés assustados, estátuas corroídas pelo tempo.

O enfermo deve olhar bem para as bifurcações que dão nas incertezas. É nelas que vai encontrar mais lenha para sua fogueira.

06

Crianciolina

Toda vez que uma criança vira adulto, um adulto deixa de sorrir com os dentes.

A Alma tem um espírito infantil inquebrável. Porém, quando o enfermo alcança a vida adulta e fica velho, o que pode ocorrer já a partir dos 18 anos, fecha-se o acesso às gargalhadas.

A criança continua morando no fundo da Alma, em um parque de diversões desativado, mas não será bem-vinda em reuniões do comitê, em casamentos consolidados nos quais não é permitido chorar e em ambientes de exatas em geral – em que engenheiros e economistas discutem a carga que uma ponte aguenta ou o PIB dos países escandinavos convertido em barris de petróleo per capita.

Os adultos não ligam se suas crianças não têm mais brinquedos porque eles mesmos se deleitam com as calculadoras científicas. Mas eles sentirão os efeitos nocivos dos seus atos bem mais tarde, quando sorvetes perderem a lembrança, e as jujubas ficarem pálidas, beges, brancas: escandinavas. Desesperados porque a vida não tem mais gosto, perceberão que não foram eles que colocaram suas crianças de castigo, mas o contrário.

Pode ser que seja tarde demais. Ou pode ser que a criança esteja mais ou menos disposta para uma partida de Banco Imobiliário. Nesse caso, não vacile ao iniciar o tratamento: compre um pião, uma boneca, convide todos os bichos de pelúcia, faça uma festa do chá como nunca se viu antes.

07

Massagem cardíaca
(ou biscoito)

É preciso encher de biscoitos um coração que de repente fica mudo.

De forma geral, o coração da Alma sofre um infarto quando um amor coagulado se solta da parede da veia onde esteve preso e obstrui o bom fluxo das certezas.

Uma vida que não palpita precisará ser reanimada com urgência, o que pode ser feito com massagem cardíaca. Também conhecida como biscoito, a massagem é prestada por um socorrista que conhece bem o enfermo – de preferência cônjuge ou *crush*, que deverá passar cantadas variadas em ritmo ininterrupto.

Na expectativa de que esta massagem no coração reanime a Alma, valem observações lisonjeiras sobre beleza ou novo corte de cabelo e também frases bem humoradas sobre trejeitos, como a forma única que sorri, coça os olhos quando acorda ou encosta o pé no seu quando dorme.

A massagem cardíaca é efetiva e salva vidas. Para melhor resultado, recomenda-se aplicá-la concomitantemente à respiração boca a boca.

08

Metamorfose

O fundo do poço tem uma porta secreta que leva direto à luz no fim do túnel.

A Alma cabisbaixa caminha pela rua e chuta lata. É tarde da noite, não quer voltar para casa, sabe que não tem nada nem ninguém esperando por ela. Sem panela no fogo, sem prato na mesa, sem cão, sem chão, sem capacho de boas-vindas. Procura no fundo do armário aquele chocolate que mantém escondido de si mesma – aquele que só se come em caso de emergência. Não encontra nada.

Apesar de parecerem desoladores, esses são sintomas bastante comuns no início da metamorfose da Alma, que se dá em geral no sexto setênio – ao redor dos 42 anos do enfermo. Iniciada essa fase, a Alma tende a se isolar em um lugar seguro e, não raro, desce as escadas que dão no fundo do poço. Fecha os olhos e dorme. Trava batalhas nos sonhos e pesadelos sabendo que são reais; hiberna por meses.

Um dia a Alma puxa um fôlego tão rápido e intenso que esvazia todo o ar do ambiente. Abre os olhos e vê uma luz no fim do túnel. Na verdade, é só começo. Da cama crisálida onde dormiu lagarta, acorda borboleta.

09

Primeiros socorros

Uma Alma que não sabe socorrer a si mesma não terá grandes chances em um namoro ou, quiçá, casamento.

Toda Alma precisa adquirir noções do que fazer em emergências, como quando despenca de uma paixão, rompendo seus ligamentos com quem amou; ou quando se rala na aspereza da vida e se corta em palavras mansas, ainda que de arestas mal aparadas.

O kit de primeiros socorros da Alma deve conter gaze, soro, ataduras e uma faixa grande com os dizeres "eu te amo" – que a Alma vai repetir para si mesma a fim de estancar o sangramento e, portanto, aguentar mais tempo sozinha até que um amor mais verdadeiro se apresente.

Aliás, é fundamental que o enfermo passe por esses trancos sozinho, afinal a cicatrização de um machucado não pode ser compartilhada. Outras Almas afins podem colocar compressas quentinhas e trazer bolo de milho, mas aquilo que se abriu em uma Alma jamais vai se fechar em outra.

10

Processo de desvestimento

Nada contra Almas bem vestidas. Mas o que chama atenção mesmo é uma Alma que aparece sem nada.

Há certas memórias que vestem bem a Alma. Podem ser lembranças boas ou mesmo fatos que a abalaram. Tudo bem, caso se troque de forma desapegada, mas, se começa a adotar algumas peças como seu estilo, não vai mais querer tirá-las.

Assim, a Alma veste novas memórias por cima das antigas, peça em cima de peça, cria um bolo de lembranças sobrepostas. Como em uma escavação geológica, é possível datar cada período da Alma de acordo com suas camadas.

Não é raro que, durante a vida, a Alma queira se desfazer de alguma lembrança que a atrapalhe, e aí começam os problemas: percebe que para chegar a um desses traumas, terá que se despir de tudo que vestiu por cima – em geral, anos e anos de histórias acumuladas.

Chega uma hora em que a Alma precisa decidir se continua sufocada, passando calor, debilitada pelo acúmulo excessivo de camadas; ou se vai se despir dos trajes de que tanto gosta em uma busca para conseguir jogar fora aquelas peças que atrapalham.

11

Soro da verdade

A verdade deve ser ministrada em gotas a fim de evitar um choque anafilático.

Não é verdade que a Alma nasce dura, que o excesso de ferro no sangue da Alma enferruja. Não é verdade que a Alma desiste da gente, que nos abandona quando desviamos do plano. A Alma sabe que, apesar da nossa boa vontade, o mundo em que vivemos nos devora. Não é verdade que a Alma não chora; é que ela evita chorar na nossa frente. A Alma chora em silêncio toda vez que sofremos. Não é verdade que a Alma torce para darmos com a cara na porta quando não seguimos seus conselhos. A Alma passa pano para a gente. Não julga as pingas que tomamos, porque sabe os tombos que a gente leva. Não é verdade que somos descolados da Alma, como se ela fosse uma coisa e nós outra, entes que se cruzam de vez em quando em missas, batizados, bar mitzvá, casamentos. Não é verdade. Nós e a Alma somos os mesmos, designados um para o outro nesta existência. Quando a gente fala mal de alguém, é a Alma quem se queima. Quando a gente tropeça, quem cai é a Alma. E quando a gente desiste, é a Alma quem se levanta.

Esta verdade da Alma deve ser ministrada sempre que o enfermo se considerar excluído do mundo ou, como ocorre às vezes, separado até de si mesmo. O tratamento requer que a verdade seja dita várias vezes por dia – ainda que mitigada em doses bem pequenas. Comprimidos cortados em quatro partes, para evitar que o enfermo, em um rompante, perceba que é inteiro, capaz de fazer as loucuras típicas das Almas que sabem o que sentem e se sentem invencíveis.

12

Tranquiolíticos

Quando uma Alma entra em hibernação, não adianta arruda e reza firme. É preciso choque de desfibrilador combinado com tranquiolítico.

C lasse de medicamentos com uma função muito específica: ajudar a despertar a Alma. Como visto em diversos males ao longo deste compêndio, situações diversas como desamor, desamparo e excesso de cinza no sangue podem romper o fio de prata que liga Alma e corpo.

Nestes casos, a Alma pode se desligar completamente (caso da viagem astral só de ida) ou entrar em estágios de hibernação controlada. É fácil identificar um enfermo com Alma dormente: ele perde o apetite pela vida, e passa a consumi-la em porções cada vez menores e sem tempero.

Enquanto a Alma se aconchega e dorme pesado, o enfermo pode perder o sono durante a noite, acordar sobressaltado às quatro da manhã. Passa a mão cega pela cama em busca de alguém. Não sabe, mas quem procura nessas noites é sua Alma.

Este tratamento age a médio e longo prazo. Não é assim fácil despertar uma Alma. Para melhores efeitos, é indicado que se misture os tranquiolíticos a drogas mais pesadas, tais quais um abraço em um desfibrilador, um dia em que se diga apenas "sim", outro em que se diga apenas a verdade.

No consultório com a Alma

O leitor atento terá traçado um padrão de comportamento da Alma. Quando se passa muito tempo sem que a visitemos, ela, por vingança ou só de farra, vai procurar retaliação. Um dia essa conta chega – por mais que se tente evitar, todo enfermo passará em uma consulta com a Alma.

Chegando lá, a Alma está com cara de poucos amigos. Aponta uma cadeira, o enfermo se senta. Tão logo se acomoda, ele relembra uma a uma todas as vezes que passou para a Alma uma doença. Fica em choque e chora. Gasta alguns minutos da consulta enumerando os arrependimentos.

O primeiro deles é fulminante como infarto: devia ter trabalhado menos. Percebe de repente que o trabalho que enobrece o homem pode ser o que empobrece a Alma, a qual, de turno em turno, de grão em grão, esqueceu-se de que não era uma engrenagem. Há, sim, males que vêm para o bem, mas neste caso o que o enfermo contraiu são bens que trazem junto os males.

Em seguida, percebe que deixou que o ferro se proliferasse no sangue da Alma, tornando-a resistente a pancadas, mas também incapaz de se maravilhar com insetos bem pequenos, gatos tricolores, nuvens, miudezas, coisinhas de aviamento, truques com baralho. Percebe agora que manteve bem nítidos apenas seus tons de cinza e de preto. A Alma de Ferro é uma enfermidade relativamente simples de ser curada se detectada a tempo: sorrir, ainda que seja preciso quebrar a cara por cima da cara. E seguir sorrindo em doses diárias. O enfermo percebe que nem todo remédio precisava ter sido amargo.

Percebe que as veias da Alma que irrigam seu gramado estão há tempos infartadas. Pensa que deveria ter tido a ousadia de ter ido até suas nascentes para tirar as pedras, galhos e as desilusões que impediram que as canções de amor corressem por ele. Por que não havia dançado mais com o corpo inteiro? Lembra-se dos medos, das risadinhas de julgamento, e agora sabe que deveria ter pagado o preço.

Por fim, percebe o enfermo que realizar tudo isso não teria sido impossível. Que foi mais difícil passar a vida escondido embaixo da cama ou, ao contrário, exposto em cima da mesa do bar. Também percebe que foi muito desgastante guardar por tanto tempo aquela dor, aquele fora, um descaso, o olhar sarcástico, a tristeza na qual foram grudando outras; a necessidade de parecer sempre mais alegre do que era ou mais forte do que quisera. Desejou ter chorado mais.

Percebeu que fechou as mãos para que a vida não escapasse e, por isso, de mãos tão ocupadas, não fez carinho em quem amou. Conteve-se tanto que ficou duro, as juntas da Alma calcificadas, impedindo gestos verdadeiros. Havia perdido a coragem de contar sua história e, quando falava, estava sempre escondido dentro de si mesmo.

"Por que não me consultei antes com a Alma?", se pergunta. Sente um peso nos ombros (sintoma clássico da Doença de Atlas) e um vazio no peito, buraco negro que dragou seus afetos, seus melhores anos, a capacidade de se encantar e encantar o mundo com seu jeito. Pensa que agora é tarde demais.

Neste instante ouve uma voz. A Alma suspira: "Agora é tudo o que temos". Um pouco de sorriso lhe escapa. Trinca o canto da máscara.

Fim.

Ou Começo.

· GLOSSÁRIO ·

Alma gêmea: fenômeno bastante evocado, mas nunca dissecado, por falta de espécimes. Ocorre quando uma Alma se divide em duas para que, no decorrer desta ou de outras existências, se encontrem e se juntem novamente na mesma.

aura: *cumulusnimbus* ao redor do corpo; nuvem densa que contém nossos arco-íris (estado em que a Alma se encontra leve e colorida), mas que também pode estar carregada de raios e trovoadas.

birita: analgésico.

bituca: resto de cigarro, o último trago; pólvora em estado domesticado.

cafeína: lastro que ancora o balão da Alma. A cafeína tende a deixar o enfermo acordado, afastando-o assim de situações avoadas, divagações e sonhos lúcidos em que pode se perder.

carência: covas rasas onde a Alma acha que enterra suas faltas apenas para descobrir mais cedo ou mais tarde que o buraco é o hábitat natural desta praga.

cartas de amor: pontes que ligam duas cidades, uma chamada Fome e a outra, Desejo.

cigarro: fumaça em estado inativo; cápsula de fuga para outros estados; tabaco cilíndrico para viagens curtas de cinco minutos.

dor: ferroada invisível, corte sem ferida.

esperança: corda de rapel que pende das estrelas. Almas desconsoladas costumam fitar estes cabos, rezando que por eles desçam mensageiros que darão novos rumos a velhas incertezas.

existência: intervalo de tempo em que uma Alma toca o solo.

indiferença: contrário de amor. Camada grossa de gelo onde já houve flores e gramado. Acontece apenas depois da contagem e aceitação dos danos; para chegar nela, deve-se superar tanto o ódio e a vingança quanto os restos de afeto.

faísca: elemento ígneo que está na origem de qualquer fogo, seja ele de natureza espiritual, como a chama violeta, seja de natureza amorosa, como a paixão fulminante.

lágrima: gota formada pelo degelo do coração.

lamento: uivo que morre no peito. Silencioso para si mesmo; agudo e franco para terceiros; cruza distâncias impossíveis nas costas de um coiote até aterrissar na Lua.

melancolia: sentimento de difícil digestão, híbrido de tristeza e saudade, marcado por uma forte desesperança no que está por vir, mas que nunca vem.

Ministério do Nevoeiro: pasta responsável por combater os males que acometem a Alma.

mundo: Terra, lugar onde tudo se passa, onde está presa a Alma. Gaiola planetária na qual humanos realizam contidos voos de poleiro a poleiro.

nevoeiro: labirinto sem paredes, lugar onde a Alma não enxerga um palmo à frente. Pode durar anos, durante os quais o enfermo lutará contra moinhos de vento.

"o outro": um terceiro, aquele que está do lado de fora do corpo, embora muitas vezes incrustado na Alma. É aquele com quem se fala, aquele que se ama, parte externa e de vontade própria que, a duras penas, a Alma é obrigada a aprender que não controla.

peito: difere do peito físico por ser o lugar onde a Alma acumula emoções e sentimentos. Seu portão fica em geral fechado, com corrente grossa e cadeado pesado; o que não impede que, de tempos em tempos, sentimentos pulem o muro.

piloto automático: recurso que permite voos em estado autônomo, sem a necessidade de consciência da Alma. Sistema importante, mas muito mal utilizado; se ativado constantemente, o enfermo passa a ter uma não vida.

realidade: parcela da existência de difícil compreensão para a Alma. É nela que a maioria dos enfermos vive quando acorda, tocando afazeres diários e achando que viver é formar filas; é nelas, nas filas da realidade, que as Almas mais se sentem infelizes e aprisionadas.

FABIO MACA **249**

saudade: distância que separa a Alma de si mesma ou de outra Alma. Pode ser medida em décadas, quilômetros ou anos-luz. Costuma andar armada de uma faca, faz talhos doídos e difíceis de curar. Se a vir, atravesse a rua.

segunda-feira: dia propício para a formação de nevoeiros. As segundas-feiras condensam as descrenças dos homens, as quais tendem a se precipitar em forma de rugas e cabelos brancos.

sextas-feiras: lugar idílico, supostamente localizado no final do arco-íris, onde felizes *leprechauns* preparam Irish Coffees e Dublin Shots.

solidão: deserto onde um sem-número de Almas vaga sem nunca trocar um aceno. Ocorre em encontros adiados, mensagens não enviadas, mesas para um.

suspiro: respiração profunda e sorumbática. Há todo um alfabeto fonético de suspiros que existe apenas para espalhar no ar os vírus de determinados sentimentos.

terceiro olho: telescópio capaz de perfurar o fundo do céu para onde é mirado, a fim de furar o véu e enxergar além.

Índice remissivo

MALES DA ALMA

1. Adicção poética	16
2. Afastamento crônico	18
3. Alma sem fundo	22
4. Amor à primeira vista	24
5. Amorexia	26
6. Anemia de mixtapes	30
7. Apneia do sonho	34
8. Asectomia	36
9. A VC	38
10. Casca de ferida	40
11. Colite	42
12. Contusão em salto quântico	44
13. Cordão umbilical sempiterno	46
14. Deficiências visuais	48
15. Déficit na produção arquetípica	50
16. Déficit poético de cartas de amor	52
17. Deprezite terminal	54

18. Desajuste do sistema lacrimogênio 56
19. Desenvolvimento de sofá maligno 58
20. Deslocamento de data 60
21. Discussão de relacionamento 62
22. Doenças covardiovasculares 66
23. Doença da mala pesada 68
24. Drenagem de Alma 72
25. Emsônico 74
26. Estado de nevoeiro induzido 78
27. Estiagem onírica 80
28. Estômago coaxando 82
29. Explosão de raiva 84
30. Falência múltipla de casamentos 88
31. Febre afetuosa 92
32. Fisgada nas entranhas 94
33. Fratura de esperança 96
34. Fuscofobia 100
35. Hiperventilação de suspiro 102
36. Inflamação das vidas aéreas 104
37. Intolerância ao corpo 108
38. Lamento crônico 112
39. Lesão de morte no vermelho 114
40. Lua em Câncer 116
41. Luminosidade vacante 118
42. Mal de "era pra ser, mas não foi" 120
43. Mascaramento agudo 124
44. Mau funcionamento de *big bang* 126

45. Mau funcionamento do sistema empático 130

46. Melancolismo 132

47. Membro-fantasma 136

48. Nó nas cordas vocais 140

49. Obesidade mórbida da lágrima 142

50. Ombro deslocado 144

51. Pane no cardiolocalizatório 146

52. Pássaros na caixa torácica 150

53. Perder-se no outro 152

54. Queda na produção de faíscas 156

55. Queda na real 158

56. Queimação na Alma gêmea 160

57. Ranzinzice congênita 162

58. Sangue nos olhos 164

59. Síndrome do coração peludo 166

60. Sinuca de bico de papagaio 170

61. Torre na casa do trabalho 172

62. Torre na casa dos relacionamentos 174

63. Transfusão de pranto ajustado 178

64. Transplante de asa 180

65. Tristite 182

66. Vazio existencial 184

67. Verdades pré-maturas 186

68. Viagem astral no pau de arara 188

69. Viagem astral só de ida 190

70. Xerox do trauma 194

FÁRMACOS

1. Alma movida a sonhos (ou osso duro de roer)   198
2. Antibióculos   200
3. Arpirina   204
4. Bolsões de ar   208
5. Colírio para os olhos   212
6. Crianciolina   216
7. Massagem cardíaca (ou biscoito)   220
8. Metamorfose   222
9. Primeiros socorros   226
10. Processo de desvestimento   228
11. Soro da verdade   232
12. Tranquiolíticos   236

Este livro foi publicado em maio de 2021, pela Editora Nacional, impresso pela Gráfica Exklusiva.